WINTERING WITH THE LIGHT

*This translation
is dedicated to*

KARL VIGELIUS

✳ Paal-Helge Haugen

WINTERING
✳ *with the* LIGHT

✳ *translated from the Norwegian*
by Roger Greenwald

SUN &
MOON

CLASSICS

107

SUN & MOON PRESS
LOS ANGELES • 1997

Sun & Moon Press
A Program of The Contemporary Arts Educational Project, Inc.
a nonprofit corporation
6026 Wilshire Boulevard, Los Angeles, California 90036

This edition first published in 1997 by Sun & Moon Press
10 9 8 7 6 5 4 3 2 1
FIRST ENGLISH EDITION 1997

Some of these translations appeared in the journals *WRIT*,
Prism International, and *Great River Review*.

This book was made possible, in part, through a translation grant from
NORLA (Norwegian Literature Abroad) and through contributions to
The Contemporary Arts Educational Project, Inc.,
a nonprofit corporation

Cover: Knud Knudsen
Design: Katie Messborn
Typography: Guy Bennett

LIBRARY OF CONGRESS CATALOGING IN PUBLICATION DATA
Haugen, Paal-Helge [1945]
Wintering with the Light
p. cm — (Sun & Moon Classics: 107)
ISBN: 1-55713-273-9
I. Title. II. Series. III. Translator
811'.54—dc20

Printed in the United States of America on acid-free paper.

Contents

MAGMA

GRENSEOVERGANG
BORDER CROSSING

MELLOM SKOGAR
BETWEEN FORESTS

BRODER GRIS
BROTHER PIG

KOMMENTAR

MAGMA

MAGMA

(MD)

Når du bøyer nakken din slik
under lampa, veit eg at dette kunne vore
lenge sidan

Den flimrande skjermen utvidar seg
rasteret glepp, elektronlinjene bølgjar
gir rom for andre bilete, for sprø musikk
og den harske smaken av tid
Det fyller romet frå alle kantar
skrik av nyfødde og den sviande røyken
frå store bål, ryggar under pisken, hastige
famntak og eit lys som brenn langt inn i natta
Ein mjuk nakke bøygd i lyset, håret
i flaum utover mot mørkret i ei natt
i eit år som kan skrivast med to små bokstavar: M D
og ein liten sko som glir av
slank fot, stoff i mjukt fall
som blir stroke til side, forsiktig
under skinet frå ei flakkande lampe

...året M D mot mitt 1985 i sakleg offset
og tome fraser på uviktige trykksaker
nokon har slengt frå seg, dei bløytest opp
i vårregnet, i det same våte sløret
over menneskekroppar som er på veg denne kvelden
den same tørsten
våren M D, våren nå

(MD)

When you bend your neck that way
under the lamp, I know this could have been
long ago

The flickering screen expands
the raster jumps, the scanning lines billow out
make room for other pictures, for brittle music
and the acrid taste of time
The room is filled from all sides
with cries of newborns and the stinging smoke
of huge fires, backs under the scourge, hurried
embraces and a light that burns late into the night
A soft neck bent in the light, hair
flooding out to the dark of a night
in a year that's written with just two letters: MD
and a small shoe that slips off
a slender foot, fabric softly falling
and smoothed aside, carefully
in the gleam from a guttering lamp

...the year MD versus my 1985 in neutral offset
and empty phrases on junk-mail brochures
someone has thrown away, they swell up
in the spring rain, in the same wet mist
draped over people's bodies underway this evening
the same thirst
spring of MD, spring now

(Difor finst det)

Hoftekammen Bølgekurven Horisonten
Innsida av kneet Lyset gjennom håret
der det fell viljelaust vakkert

Solstripe Kattemjukt over golvet
fot som så vidt er der

Armbogen Snøskavlen Glødepunktet
Perlemor og brottsjø

Underside Silkeregn og stryk
Ønskemøte Metningspunkt

Difor finst det ikkje
ord for det
For det
og det andre

(That's why there are)

Pelvic crest Wave-curl Horizon
The hollow of the knee Light through hair
cascading unthinkingly beautiful

Stripe of sun Cat-soft across the floor
a foot that's almost not there

Arm-crescent Snowdrift Glow-point
Mother of pearl and breakers

Underside Silky rain and rapids
Perfect meeting Saturation point

That's why there are no
words for it
For this
and the other

(Avreise)

Å møt meg du som kan
Eg kunne ikkje
Eg vende meg frå eg
Vende meg frå deg

Eg må la halmhylsteret ligge
og gå

Har ikkje funne deg ennå
Likevel trygg
Eg veit du kjem
Halmen raslar
Hylster lagt ned

(Departure)

O meet me you who can
I couldn't
I turned away from me
Turned away from you

I must drop my shell of straw
and go

Haven't found you yet
Confident just the same
I know you'll come
The straw rustles
Shell's down

To sanger på reisa

Så brått som regnet der du er
kan eg knapt møte deg; du dryp
langs minnet mitt som ingen kan

Og våte stryk går mellom oss, usynleg
tråd av sølvgrått vatn som renn
og renn mot deg

            frå ein som løfter hand
i regnet som dreg bort. Og blir
når sola sig og sløkker glør
i fråver på ei ørkenfarga strand

Two songs while traveling

*

To meet you quick as the rain that falls
where you are is beyond me: you flow
in memories like no one can

And these wet currents pass between us, unseen
threads of silver water running
toward you running

                    from one who lifts his hand
in rain that's blowing over; stays
when dusk steals in and slakes the coals
of absence on a beach of desert sand

**

Blå ferd, for ingen andre
enn dei masker du vil leve med
og reise med, mot skarpe strimer
av eit land

       Reis bort! La masker
vekse fast til andletet og gro
i kjøt

     Og likevel er du
den reisande som vender heim
til blåe kveldar og ei hand

* *

Blue journey, for no one else
but the masks you want to live with
and travel with, toward the sharp-edged welts
of this land

        Be off! Let masks
grow deep into your face and become
your flesh

        And nonetheless you are
the traveler returning home
to blue-aired evenings and a hand

(Magma)

dei små rørslene, ei skjelving
ein sitrande muskel i handflata
ei krusing over huda ein still kveld

dei einaste signal eg får
om den seismiske aktiviteten, forkastningane
den permanente revolusjonen, kontinent-
forskyvinga, den vulkanske verden eg veit finst der
som også er du, magma

den fortærande heten
aldri langt borte når du går
roleg og heil ut i dagen

om kvelden
ei sval hand
som gløder

(Magma)

the small movements, a trembling
a twitching muscle in your palm
a ripple across your skin one still evening

only signals I get
of the seismic activity, dislocations
the permanent revolution, continents
shifting, the volcanic world I know is there,
that is also you, magma

the consuming heat
never far off when you go out
calm and whole into the daylight

in the evening
a cool hand
that glows

(Oppklaring)

etter så mange år
opnar denne kvelden seg:
ei sjakt nedover
og tilbake, lyset fløymer
inn der vi ikkje trudde
det fanst

tre rører seg sakte, kvelden
krusa av ein vind av tid
som fører bort restane av forvitra
hat, forvirring
slagg, brokkar av ord med opprivne
kantar, bind for augo, lyden av
dører som slår og slår

tilbake blir konturane
av presise kjærteikn og vidopne
morgonar, gjennomlyste nedanfrå
og med ryggen mot mørkret, ein hard samla
vilje til å forstå
det som må bli forstått
vinden dreg forbi, det klarnar opp

eg rører deg
med ei begrensa hand

(Clearing up)

after so many years
this evening opens up:
a shaft downward and
leading back, the light flooding in
where we didn't believe
it could go

trees move slowly, the evening
rippled by a wind of time
that carries off the weathered remnants
of hatred, confusion
slag, fragments of words with jagged
edges, blindfolds, the sound of
doors that keep slamming

what remains is the outlines—
of precise caresses and wide-open
mornings, lit up from below
and with backs to the darkness, a strong
resolve to understand
what must be understood
the wind moves off, it's clearing up

I touch you
with a measured hand

(Bøyer meg inn)

Bøyer meg inn over kanten av deg
Du løfter ei hand
Du teiknar eit ord
i den nesten omringande stille
kvelden, der lydane lever
før dei blir uttrykk, lås

Seinare kjem den siste rest
av skumring ned frå åsane
Den vi kjenner
Den som har budd i oss alltid
Den som er lagt inn i oss

Den har ei grense for auga
Eit rom for tanken
Den møter oss, halvvegs
og tek imot det vi har i hendene

Sjostakovitsj, Strykekvartett nr. 8

(Lean in)

I lean in over the edge of you
You lift a hand
You sign a word
in the almost enclosing silence
of the evening, where sounds live
before they lock into phrases

Later the last trace of twilight
comes down from the hills
The dusk we know
That has lived in us always
That is folded into us

It brings a limit for our eyes
A space for our thoughts
It meets us halfway
and receives what we have in our hands

Shostakovich, String Quartet No. 8

(Så eg kan sjå deg)

stig fram så eg kan sjå deg
klarøygde overvintra lys

du einaste som kan lyse

(So I can see you)

come close so I can see you
lucid winter-slipped light:

the only bloom

(Han, eg)

vi har delt
oss
eit mjukt og kjærleg
snitt

vi veit
det er berre
for ei tid

vi veit
det var ikkje anna
å gjere
dei nektar å registrere oss
som ein

eg sit i graset
og samlar frø
han går ut og inn
av Arbeidet

Arbeidet tek handa hans
og set den i verk

bak Arbeidet finst det
små rom, i skuggen
i graset, der vi møtest
deler frø
blæs dei opp
og bort

(He, I)

we've divided
ourself
a soft and loving
incision

we know
it's only
for a while

we know
there was nothing else
to do
they refuse to register us
as one

I sit in the grass
and gather seeds
he goes in and out
of Work

Work takes his hand
and sets it going

behind Work there are
small spaces, in the shade
in the grass, where we meet
divide the seeds
blow them up
and away

(Ohridsjøen, seinsommar)

Gutungen vassar ut med fiskestanga
let seg omfamne av den kjærlege sjøen
Den store urgamle bestemor
som tek vare på alle løyndomar

Han har vaktande augo, fulle av små
gylne fiskar i stim
Snøret kviskrar gjennom lufta
Tida legg seg til ro og ventar

Frå opne kveldshus flyt det ut over sjøen
latter og dansesteg, gusle, zurle, tapan
musikk og røyster, dei botnfell
og finn seg rom der nede hos slektningar
på den lagdelte gravplassen for røyster

Fjella ventar urørlege
til mørkret kjem
før dei tek til vengene
og legg sjøen bak seg

Sjøen med sine roleg søkkande røyster
sine små skrik

(Lake Ohrid, late summer)

The boy wades out with his fishing pole
lets the tender lake embrace him
The great, ancient grandmother
in charge of all mysteries

He has watchful eyes, filled with schools
of small golden fish
The line whispers through the air
Time eases down into waiting

From open houses of the evening, laughter and dance
flow out over the lake—gusla, zurla, tapan
music and voices, they filter down and find room
among relatives
in the layered graveyard of voices

The mountains wait motionless
until darkness comes
then take to the wing
and leave the lake behind

The lake with its slowly sinking voices
its tiny cries

(Avreise, keltisk jernalder)

lagd ned
skoren laus frå alt
klar til reisa

alt er lagt fram
det trengst mykje
i landet der alle namn sluttar

våpen, klede
noko å styrke seg på
og smykke så dei skal sjå
kven som kjem

til slutt
to par dødsvenger
eitt lite
eitt stort

(Departure. Celtic Iron Age)

laid down
cut loose from everything
ready to travel

things are laid out for him
much is needed
in the land where all names end

weapons, clothing
something to feed him
and jewels so it will be clear
who has come

finally
two pair of death-wings
one small
one large

(Carlo Gesualdo da Venosa)

Kor mange stemmer skal det til
for å skape ein samanhengande kjærleik?
Gjennom netter dagar blikk og mumlande røyster
held eg saman.
Eg er kjærleik bortanfor Gud.
Kvinnene mine stig urørte frå lega mi
utan å ha kjent kjærleiken min
som brenner, som svir
som svir meg.

Ingen skal reise seg frå lega mi
utan å ha kjent meg
fleirstemmig meg langt inne i seg.
Det kjem aldri til å la meg i fred.
Stemmene sirklar, tunge og drektige
på venger av bronse og marmor.
Eg syng meg inn i kvinnene.
Dei syng for ein annan, ein tagal

ein teiande elskar.
Eg lærer språket hans nå, sakte

Feria Sexta, 1611

(Carlo Gesualdo da Venosa)

How many voices are required
to create a coherent love?
Through nights and days and stares and the sound of
    muttering
I hold together.
I am love on the other side of God.
My women step coldly from my couch
without having felt my love,
which burns, which stings
which stings me.

No one shall rise from my couch
without having felt me,
polyphonic, deep inside her.
It will never leave me in peace.
The voices circle, heavy and pregnant,
on wings of bronze and marble.
I sing my way into women.
They sing for another, a silent

a taciturn lover.
I'm learning his language now, slowly

Feria Sexta, 1611

(På botnen)

på botnen av det uverkelege
finst alltid det verkelege

på vegen dit finst skuggar
utviska møte, mumlande røyster, stivna rørsler
erosjon, dis, spor
i sand og du sjølv
som famlar etter eit omriss

så du kan bli verkeleg
på botnen av det verkelege

(At the bedrock)

at the bedrock of the unreal
there is always the real

on the way there you find shadows
indistinct meetings, muttering voices, stiffened movements
erosion, haze, tracks
in sand, and yourself
groping for contours

that will let you become real
on the bedrock of the real

(Leitar i lyset)

Også i kveld
under lampekjeglen
den harde lærdomen:
leitar kvar dag
som den dagen
han vart fødd.

Aldri trygg på å finne
eitt einaste svar
etter alle desse
over åtti år, aldri
viss på at der er eit rom
å gå inn i og seie:
Her er eg.

Kanskje finst det her
kvar kveld, usynleg
i energien, i lyskjeglen
over dei nakne hendene som blar
uroleg gjennom alt
som alt er lese.
Kanskje finst det der.
Kanskje finst det ikkje.

(Searching in the light)

Tonight too
under the lamp's
cone of light,
stern wisdom:
searching every day
like on the day
he was born.

Never sure of finding
a single answer
after these more than
eighty years, never
certain there's a room
where he can enter and say:
Here I am.

Perhaps it's here
each evening, invisible
in the energy, in the cone of light
spread across naked hands
uneasily leafing through everything
he's already read.
Perhaps it's there.
Perhaps it isn't.

GRENSEOVERGANG

BORDER CROSSING

(Elementær geografi)

Eg kjenner ingen beinvegar.
Vegar er krokete, attgrodde
brått islagde, med svake kantar.
Dei fleste står ikkje på kartet.

(Elementary geography)

I don't know any shortcuts.
Roads are crooked, overgrown
suddenly icy, with soft shoulders.
Most of them aren't on the map.

(Ved grenseovergangen)

Mørkrets langtradarar
innelukka bilar, trailerar
hermetisk forsegla

Dei står klare, rusar motorane
sjekkar kompresjonen
Ventar på signal
om at den avgjerande
timen er komen:
Då dei skal rulle tvers over grensene
inn til oss

Trailerar med si last
av samantrengt, eksplosjonsklart
mørker
Det trengst berre ein gneiste
Ein liten, ein einaste ein

(At the border crossing)

Darkness in long-distance semi's:
closed containers, tractor-trailers
hermetically sealed

They stand ready, rev their motors
check the compression
Wait for a signal
that the critical
hour has come:
When they'll roll across the borders
over to us

Trailers with their loads
of condensed, explosive
darkness
All it takes is a spark
A little one, just one

(April 1985, førti år etter)

I dette Europa
vil eg ikkje døy

overfora overspent
diltande etter eit bleikt rosaskjær
av håp over den sektordelte horisonten
søkelys kryssande mot undersida av ein skybanke
som sig inn frå alle himmelretningar

gjennomblåsen av setningar
som bortforklarer alt
ord som grev seg ned i den feite jorda
og døyr av skam

eg byr bort den siste skitne skjorta mi
sel ut mine aller siste meiningar
slår av på alle prisar
eg treng likvide midlar

I den blysprengde aprilmorgonen
som sklir ned
over Europas hastig reparerte slagmarker
vil eg ikkje døy
av dette Europa

(April 1985, forty years after)

I don't want to die
in this Europe

overfed, over-tense
waddling toward a pale rosy glow
of hope above the partitioned horizon
as searchlights cross under banks of clouds
closing in from every direction

riddled with sentences
that explain everything away
words that burrow into the fatty soil
and die of shame

I'll give away my last dirty shirt
sell out my last beliefs
cut all prices
I need liquid assets

In the lead-blown April morning
that's sliding down
over the hastily patched-up battlefields,
I don't want to die
of this Europe

(Kven har sagt)

Kven har sagt det skulle vere slik
Kven har forandra reglane medan
terningane var på bordet, kven
har konfiskert morgondagen
Kven har innkalkulert deg i dette

Kjøp og salg kryp inn
i nervesystemet ditt
Det er ikkje sjølvsagt lenger
å gå oppreist
Til slutt berre eitt å stå imot:

Bli sitjande att
i eit grått, feittstripete kjøkken
når dagen har rast saman
når lyset kryp på alle fire
gjennom skrot og slagghaugar

Drikke bitter grumsete kaffi
metallisk mot leppene
og halde opp å vente
på den dagen du ikkje skal bli forvalta

(Who has said)

Who said it has to be like this
Who changed the rules while
the dice were on the table, who
confiscated tomorrow
Who's figured you in as a cost

Buy and sell creeps into
your nervous system
Walking upright
isn't automatic anymore
In the end only one thing to resist:

Staying behind and sitting
in a dingy kitchen streaked with grease
when the day has caved in
when the light crawls on all fours
through junk and slag-heaps

Drinking bitter coffee full of grounds
metallic on your lips
and no longer waiting
for the day when you won't be subject
to administration

(Dei vaktar på avstanden)

Han står i arbeidet
utan forvarsel
og veit:
nå er det her

Nokon vaktar han
Nokon måler avstanden nøyaktig
mellom han og det som er
Trekker grenser
Så langt, ikkje nærare
Det er avstanden som gjer han
til stein

Dei har namnet mitt på tunger
dei kviskrar dei skrik
dei er bak steinar
Kjære, dei gjer meg til stein

(They're watching the distance)

He's engrossed in work
and without warning
he knows:
it's here now

Someone's watching him
Someone's measuring precisely
the distance between him and what exists
Setting limits
This close, no closer
It's the distance that's turning him
to stone

They have my name on their tongues
they whisper they shout
they're hiding behind rocks
Love, they're turning me to stone

(PM for nedgravne)

For ikkje å bli ført bort
når jordgravarane blir nærgåande
og kallar deg bror, inviterer
til lange umbrabrune gangar
og frikort til det meste.

For ikkje å bytte bort kompasset
og siktesnora, drikke grunnvatn
og symje nedover.

For ikkje å slå seg saman
med dei svarte dykkarane; det er
tentaklar i synsfeltet, dei vinkar:
Kom her, god natt, alltid.
Her gjeld få reglar, ingen
står i boka.
Seinare kviskrar einkvan
at det skal finnast eitt
milligram lys til venstre,
rett over skuldra.
Nyhetstenesta er usikker.
Kanskje skal eg avspalte ein spion.

(Memo for the buried)

Not to be carried off
when the mole-men get familiar
and call you brother, invite you
down long shit-brown hallways
and offer all kinds of free passes.

Not to trade away your compass
and plumb line, or drink groundwater
and swim downward.

Not to join up
with the black divers—there are
tentacles in your field of view, they're waving:
Come here, good night, always.
Here few rules apply, none
are in the book.
Later someone whispers
that it's possible to find
one milligram of light on the left,
just over your shoulder.
The intelligence reports are unreliable.
Maybe I should sprout a spy.

(Av, på)

Alt det du ikkje kan skru av:

Eit andlet som stukar seg inn i natta
Kroppen bolta fast til frosten, isen
Den fossile kjærleiken, branntomtene
som ikkje let seg rekonstruere
Lyden av vind gjennom knust glas
Ei klokke som tikkar mot null
i strålingssikre blykammer
Ein modell av døden i full storleik, 1:1

Alt det du gjerne ville skru av
du og ditt logrande hjarta

(Off, on)

Everything you can't turn off:

A face that rivets itself into the night
The body bolted fast to the frost, the ice
Fossilized love, the burned-out lots
that can't be rebuilt
The sound of wind through broken glass
Timers ticking toward zero
in radiation-proof bunkers
A full-scale model of death, 1:1

Everything you'd love to turn off
you and your flagging heart

(Seint under fugletrekket)

Lågt nede, bøygde under blokken
av tid, av minne, av steinblokken
vi fører med oss
Trufaste flyttefolk, seint
under fugletrekket rører vi oss
lågt der nede

Der vegen renn ut i mosen
stadig våtare og mørkare grøn
Lyset soge inn i fargen, voksteren
tømer kvelden for lysrestar
på botnen av romet
Skrapar opp det som er att

Fuglelinjene viska ut
av mørkret, med lukka augo
følgjer vi det veikt glødande
risset som er blitt att
på synshinna

Inne i steinen finst ein urgamal
frosen gneiste, eit samla skin, vakkert
kaldslipt og stilt

Ned i mosen går vi
og blir omslutta
blir helsa velkomne
Er du her, vennen min
Er du her igjen

(Slowly, under migrating birds)

Far down, stooped under the blocks
of time, of memory, under the square boulders
we always bring with us
Dependable movers, slowly
under the migrating birds, we begin to stir
way down there

Where the road runs out into moss
gradually wetter and a darker green
The light absorbed by the color, the plants
drain evening of the last glimmers
at the bottom of space
Lick up whatever's left

The bird formations erased
by the dark, with closed eyes
we track the faintly glowing
lines that have remained
on the retina

Inside the stone there's an ancient
frozen spark, a banked gleam, beautiful
cold-glazed and still

Down into the moss we go
and are encircled
greeted and welcomed
Are you here, my friend
Are you here again

(Når du er)

når du er borte
er du eit bilete

eit negativ det tek lang tid
å framkalle
minnet om ein utførleg sommardag
om foten din som gjekk levande
over livet mitt

eg finn spegelen din i graset
den som tok inn biletet av deg
og heldt det fast, lenge sidan
spegelen er mørk, jordslått
og vil ikkje sleppe
andletet ditt frå seg

når du er borte
er du borte

(When you are)

when you're not here
you're a picture

a negative it takes a long time
to develop
the memory of a prolific summer day
of your feet walking vividly
through my life

I find your mirror in the grass
the one that captured the picture of you
and held it fast, long ago
the mirror is dark, moldy
and won't release
your face

when you're not here
you're gone

(Han som høgg bilete)

Han meislar seg inn i det absolutte
tomromet, leitar fram konturane
i det vikande, det forkasta, det forspilte.

Søker skuggane av det ikkje-eksisterande,
det bortrykte, avtrykka av samanhengar
vi har vedteke å gløyme.

Han avdekker stormens spor
der stilla har rådd for lenge,
den gjennomhola uskulda, dei mangfaldiggjorde
protesane og mørkret bak maskene av bly.

Til sist blir krigens larvefar synlege
over muddermarkene ute ved verdens ende
der eit menneske er på veg inn i steinen
for å bli stein.

Han løfter bandasjane bort frå naglemerka
i det sørgande treet, leitar etter
nådens strålemønster mellom årringane.

Han ror inn i vikene og buktene
av det verkelege og hentar vrakgods.

(He uncovers signs)

He chisels himself into the absolute
vacuum, searches out contours
in the withdrawn, the rejected, the wasted.

Looks for shadows of the non-existent,
what's swirled away, imprints of contexts
we've allowed ourselves to forget.

He uncovers signs of the storm
where for too long stillness has ruled:
punctured innocence, mass-produced
prostheses and the darkness
behind masks of lead.

Finally the caterpillar tracks of war come into view
across the mudfields out at the end of the world
where someone is headed into the stone
to become stone.

He lifts the bandages from the nail holes
in the grieving wood, searches for the radial
pattern of grace between the rings.

He rows into the bays and coves
of the real and brings back jetsam.

Han vil avpansre steinen,
med kjærleg kniv opne treet
så det kan puste, opne vindauga i marmorblokken
og eit auga av rav som sprenger
lysets kode:

Tyngda av historie, av erfaring
og klårleikens vektlause jubel, nyfødd.
Han meislar meining
for at meininga skal finnast.

For Gunnar Torvund

He wants to strip the armor from stone
and with a tender knife open the wood
so it can breathe, open windows in the marble block
and an eye of amber that breaks
light's code:

The weight of history, of experience
and clarity's weightless jubilation, newly born.
He chisels meanings
so meaning will exist.

For Gunnar Torvund

(Oppgjer, restar)

Dei har gått
og late etter seg

Dei trudde ikkje dei måtte gå
så snart, dei hadde ikkje ordna
og katalogisert

Vi sit på dei halvpakka kassane
utan å kjenne kvarandre
Ventar på å høyre
den siste vilje

Her er ikkje mykje, brot
og restar, flekkete
ordensband, svarte klede, slør
ei tørka rose, kart, protokollar
med fuktflekkar, skytevåpen, la oss bli
ferdige med det

Eg har kome hit
for å høyre bu-styraren kunngjere
at eg skal arve livet mitt

(Settling up)

They've gone
and left things behind

They didn't think they'd have to go
so soon, hadn't put things in order
and catalogued them

We sit on the half-packed crates
without knowing each other
Wait to hear
the last will and testament

There's not much here, fragments
and remnants, stained
ribbons of honor, black clothing, veils
a dried rose, maps, ledgers
spotted with damp, guns, let's get
it over with

I've come
to hear the executor announce
that I'm to inherit my life

MELLOM SKOGAR

BETWEEN FORESTS

Han kjem ut av skogen
Han trillar ein sykkel
Han ser på meg
og likevel ikkje

Han skal aldri finne heim, aldri
finne ut av det sundrivne stjernekartet
der inne bak den deformerte panna, dei lysande
nålepunkta som roterer formålslaust inne i kroppen
Han har aldri vore heime, han er
fødd rett ut i mørkret sitt, eit rastlaust
mørker som kvervlar han med, veene sit ennå
i kroppen, han skjelv, avkledd alt

Han freistar ta seg fram på sykkel
gjennom mørkret

He comes out of the forest
He's walking a bike
He looks at me
and yet doesn't

He'll never find his way home, never
figure out the tattered star chart
behind his misshapen forehead, the shining
tacks aimlessly turning inside his body
He has never been home, he was
born right into his own darkness, a restless
darkness that spins him along, the pangs are
still in his body, he's shivering, stripped bare

He tries, on a bike, to make his way
through the darkness.

Kanskje finst det ro ein stad
kanskje stilnar den låge filande lyden
i dei feilkopla kromosomane, kanskje
ei glenne i ein ukjend skog
der lyset silar ned og tynner ut mørkret
så han kan legge frå seg sykkelen
puste roleg saman med skogen og kjenne gleda
sige ut over skogbotnen som vatn
slutte å leite seg heim dit han aldri
skal kome, kvile i den flytande gleda
som er stor nok

Han kjem ut av skogen
med stive slepande steg
tunge hofter og magen bulande ut
over open bukselinning
sykkelen på strak arm ut frå seg
andletet som ei feitt-maske tredd ned
over skallen og stramma til, så augo står
halvt sprengde ut under augnelokk
svevnen trugar med å overmanne
ein gang for alle

Maybe there's calm somewhere
maybe the muted whine
in the mismatched chromosomes will subside, maybe
a clearing in an unknown forest
where the light filters down and thins out the darkness
so he can put the bike to one side
breathe easily together with the woods and feel
pleasure seeping out across the forest floor like water,
can stop searching for the home he'll never
arrive at, and rest in the flowing pleasure
which is large enough

He comes out of the forest
with stiff, dragging steps
hips heavy and his stomach bulging out
over unbuckled pants
holding the bike out at arm's length
his face like a mask of fat rolled down
over his skull and pulled tight, so his eyes stand out
half-bursting under eyelids
that sleep threatens to overpower
once and for all

Som i eit landskap
under sol og vind
stryk det over andletet hans
og skaper han om:
skuggen av eit minne
om nokon som løfte han opp til seg, så liten,
så han vart still, heilt still
skuggen av lyst
etter ei slank jentehand som kjem og vil røre han
ein fullkomen smidig og solvarm kropp
bortanfor all forstand

As in a landscape
under sun and wind
something passes over his face
and transforms him:
the shadow of a memory
of someone who picked him up and held him, very small,
so he grew still, completely still
the shadow of desire
for the slender hand of a girl, a hand that comes
and wants to touch him
a perfect lithe and sun-warm body
beyond understanding

BRODER GRIS

BROTHER PIG

Tierhafte Alphabete
(Gottfried Benn)

(Han kjem til syne)

På historiens overflate
dukkar han opp, på krigsgobelin
nesten usynleg i bakgrunnen
i støvskya frå forlengst gløymde
øydeleggingar, i drapstummel
eller ofra på fråtsingas oljeglatte
lerret, avblødd og til stade
på bordet for å fordøyast

Halvt kjøvde skrik gjennom kvit lyd
susing frå gamle radioprogram
grisens signal gjennom dei hissande talane
Eller på brune tankelause fotografi
skjelvande i den låge krattskogen
når støvlar marsjerer forbi
for å bli flakkande skuggar
over dei leirete markene og granatnedslaga

(He comes into view)

On history's surface
in the great battle tapestries, he turns up
almost invisible in the background
in the dust clouds from long forgotten
destruction, in the tumult of murder
or offered up on an oil-slick canvas
of gluttony, drained of blood and at table
to be digested

Half-choked squeals through white noise
the static of old radio programs
the pig's signal through the goading speeches
Or on careless sepia photographs
trembling in the low underbrush
as boots march by
on their way to becoming shadows flickering
across the mired fields and artillery zones

Eller nesten synleg mot kvite underjordiske
veggar i laboratoria, tikkande skjermar og presisjon
når dei nye metodane blir utvikla
Einkvan bøyer seg over han nå
og let kanylen gli inn i den fylte venen
trykker til, observerer

og så heilt åleine til sist
lyset nesten borte
langs dei vinglande vegane
i hjernebarken, eit lys
i stormen, spinkel lykt som sloknar

og bak retina fragment av eit sekund
knepp av: lysets veldige negativbilete
det konsentrerte uomgjengelege mørkret

Or almost visible against white underground
walls in laboratories, beeping screens and precision
when new methods are being developed
Someone bends over him now
and slides the hypodermic into the swollen vein
presses the plunger, observes

And finally, all by himself
the light almost gone
along the shifting pathways
in the cortex, a light
in the whirlwind, a fragile lamp that goes out

and behind the retina, fragments of a second
last snap: the light's enormous negative image:
concentrated, inevitable darkness

(Han drøymer)

Om natta veks tennene i overkjeven, sterke og vakre
vil rive seg gjennom natta av svart garva lær
vil rive seg inn i dagen på den andre sida
og kroppen vil springe i skogen
symje gjennom sola

På vegen dit drøymer han mellom stjernene
på nattehimmelen, stig frå nebula til nebula
Uendeleg i utstrekning, langt der borte
finst ho som aldri er synleg
anna enn i sekundet før slaget, før skotet
før den elektriske støyten, ur-mor
bak stjernetåkene; ein gang
skal ho kome fram av skuggane og by han
stige inn, stige over

(He dreams)

At night the teeth in his upper jaw grow, they're strong and
        beautiful
want to rip through the night made of curried black leather
want to rip their way into the day on the other side
and his body wants to run in the woods
swim through the sun

On the way there he dreams between the stars
in the night sky, steps from galaxy to galaxy
Infinitely large, very far away,
there is one who is never visible
except in the second before slaughter, before the shot
before the electric jolt, Ur-Mother
beyond the nebulas; someday
she will come out from the shadows and invite him
to climb in, climb over

(Han ser det tydeleg for seg)

Eit fløyelsregn,
kroppsvarmt og stillferdig
Ein evig mjuk og fuktig dag
i utkanten av ei slette
der verdens fortærbare delar er å finne
og dei nyfødde kravlar i graset, inn
mot buken der spenane ventar
og det atskilde blir eitt
i eit langt sug
som får kroppen til å gløde, usynleg
men nok

(He pictures it clearly)

A velvet rain
warm as the body and unobtrusive
An eternally soft and wet day
at the edge of a clearing
where the world's consumable parts can be found
and the newborns are crawling in the grass, inward
toward the belly where the teats are waiting
and everything separate unites
in a long sucking
that makes the body glow, invisibly
but enough

(Han bøyer seg i støvet)

Brått framfor han, i lufta:
der er det.
Biletet, synet, solid og fullkome
det som har lege klar og venta
det einaste

Han legg seg på kne
og let tyngda uttrykke
det nødvendige

(He kneels in the clay)

Suddenly before him, in the air:
there it is.
The image, the vision, solid and complete
that has lain waiting, ready
the only thing

He goes down on his knees
and lets his weight express
what it must

(Dei tek han nå)

han kjenner lukten
    av det vi trudde var fortid
        det vi trudde var utrydda

han veit den finst der
    zyklongassen, mikrogram
        nanogram, det er nok

i denne verdens avkrokar
    eller denne verdens sentra
        små strimer ut av dei rust-etne tankane

leitar seg fram til dei
    som veit kva det betyr
        dei som ventar på tida, på syklonen

dei ser han er redd
    dei tek han nå
        dei gjer det enkelt:

eit kar med vatn er nok
    ein presist gjennomført rutine
        dei skyv han under og held

tretten minutt, det er bra
    nå skrik han, uklart
        men han skrik

gjennom vatnet

(They take him now)

he picks up the scent
    of what we thought was the past
        what we thought was stamped out

he knows it is there
    Zyklon gas, a microgram
        a nanogram, that's enough

in this world's backwaters
    or this world's centers
        it trickles from the rust-eaten tanks

finds its way to those
    who know what this means
        those waiting for the time, the cyclone

they see that he's afraid
    they take him now
        they make it simple:

a tub of water is enough
    a precisely executed routine
        they shove him under and hold

thirteen minutes, that's good
    now he screams, indistinctly
        but he screams

through the water

(Grisen forlaten)

Kroppen
på utsette stadar i landskapet
bortslengd, gløymd
på veg attende
til det uformelege
det spreidde

Kroppen
regnar ned i sumpskogar
flyt bortført frå seg sjølv
i den leirbrune elva

Kroppen
innepakka i fråver
bortkopla, stilna

Kroppen
ønskjer ingenting lenger
innfelt i jorda, nedfelt
i tida, visarane stogga
lystrar ingen

Finst det ingen armar meir
som maktar å løfte denne tunge
kroppen, dette utsnittet av materien
denne resten av samanhalde liv:

(The pig abandoned)

The body
in exposed places in the landscape
slung away, forgotten
on the way back
to the amorphous,
the spread out

The body
rains down in marshy forests
floats removed from itself
in the silt-brown river

The body
wrapped in absence
decoupled, stilled

The body
wishes for nothing anymore
mitered into the earth, set
into time, the hour and minute fixed
obeying no one

Are there no arms anymore
able to raise up this heavy
body, this segment of matter
this remnant of trussed-up life:

eit spenn av energi og fibrar
frå livmor til varmen døyr ut
i den siste omnen, den grålege
utkanten av kulden som ventar
på å ta over

tense span of energy and fibers
from the womb till the warmth dies out
in the last oven, the grizzled
far reaches of the cold that's waiting
to take over

(Til sist)

utanfor
langt borte
ser eg han
gjennom den omvende kikkerten
gjennom skyteskår, gjennom det runde
tykke splintsikre glaset
ser eg han
oppføre det aller siste spelet

kroppen smeltar seg gjennom
den ytterste isbarrieren
der er varme nok såvidt
og så er han gjennom, isen lukkar seg etter han
gjennomskinleg, med ein skugge bak
som snart blir borte

(Finally)

on the outside
far away
I see him
through the wrong end of the telescope
through the firing slot, through the thick
round shatterproof glass
I see him
perform the final maneuver

his body melts its way through
the outermost barrier of ice
there's just enough warmth left
and then he's through, the ice closes
translucent, with a shadow behind it
that soon disappears

kommentar

(Ohridsjøen, seinsommar)

makedonske folkeinstrument:
gusle: strykeinstrument med éin streng, ofte rikt dekorert; blir halde vertikalt under spelet, kvilande mot kneet. I gamal tid oftast brukt av *guslari*, sangarar som framførte tradisjonelle episke og nesten uendelege balladar; helst om tyrkisk undertrykking, heltedåd og blodhemn
zurle. blåseinstrument (dobbelt røyrblad), særleg mykje brukt av sigøynarar i dei sørlege republikkane i Jugoslavia.
tapan: den store tromma, sjølve botnen i mykje makedonsk dansemusikk. Det hender at mannlege solodansarar viser kunstene sine oppå tapan-tromma.

(Avreise, keltisk jernalder)

I Norden ser likbrenningsskikkar ut til å ha vore einerådande i ein lang periode, heilt frå steinalderen og fram til tida omkring Kristi fødsel (romersk jernalder). Truleg heng dette saman med at elden skulle frigjere sjela frå kroppen, slik at den kunne fare til dødsriket. Til hjelp på den lange ferda vart også stundom avhogne venger frå store og små fuglar lagde i branngrava saman med den døde.

Notes

(Lake Ohrid, late summer)

Macedonian folk instruments:
gusla: stringed instrument with one string, often richly omarnented; is held vertically during play, resting on the knee. In former times most often used by *guslari*, singers who performed traditional epic and nearly endless ballads, preferably about oppression by the Turks, heroic deeds, and blood vengeance.
zurla: wind instrument (double reed), very much used by gypsies in the southern republics of Yugoslavia.
tapan: the large drum, the very basis of much Macedonian dance music. Solo male dancers have been known to demonstrate their skills on top of the tapan-drum.

(Departure. Celtic Iron Age)

In northern Europe the custom of cremation seems to have been universal during a long period, all the way from the Stone Age down to approximately the time of Christ's birth (Roman Iron Age). Probably this had to do with the belief that fire would free the soul from the body so it could travel to the kingdom of the dead. As an aid in the long journey, on occasion severed wings from large and small birds were laid in the funeral pyre along with the dead.

PAAL-HELGE HAUGEN

Paal-Helge Haugen was born in 1945 in the Valley of Setesdal in Southern Norway; he now lives in Nodeland, near the south coast. Since 1967 he has published fourteen volumes of poetry, among them *Sangbok* (Songbook), *Det synlege menneske* (The Visible Figure), *Steingjerde* (Stone Fences), *Meditasjonar over Georges de la Tour* (Meditations on Georges de la Tour), *Sone O* (Zone O), and *Det overvintra lyset* (Wintering with the Light). Two volumes of selected poems and one of collected poems (1995) have also appeared. Haugen has also published four volumes of translations into Norwegian, as well as a novel, *Anne,* which won the Prize of the Norwegian Cultural Council and has been published in several languages. His other work includes stage plays, oratorios, and children's books.

Haugen's poetry has earned him many prestigious awards in Norway and Sweden, including the Norwegian Critics' Prize, the Brage Prize, and the Doubloug Prize of the Swedish Academy, given to a Swedish or Norwegian author for an entire body of work. His poetry has been translated into some twenty languages.

*

Roger Greenwald has published one book of poems, *Connecting Flight* (1993), and several volumes of poetry in translation from Norwegian and Swedish, including Paal-Helge Haugen's *Stone Fences; The Silence Aftewards: Selected Poems of Rolf Jacobsen; and* Jacques Werup's *The Time in Malmö on the Earth.* He has also translated Erland Josephson's novel *A Story about Mr. Silberstein.* Greenwald has earned major awards for his poetry, among them the C B C Radio / *Saturday Night* Literary Award (1994), and several translation prizes.